I0214689

Innengart

Che Chidi Chukwumerije:

auf Igbo:
Mmiri a zoro nwayọ nwayọ

auf Englisch:
Twice is not enough
The Lake of Love
There is always something more
Poetry:
River
Palm Lines
Cumbrian Lines (Lake District Gedichte)
The beautiful Ones have been born
Writing is the Happiness of Sorrow
Light of Awakening
Kindererzählungen:
Somayinozo's Stories

Erschienen im Jansen Verlag, Lüneburg:
Das dauerhafte Gedicht

Che Chidi Chukwumerije
Innengart.
2. Ausgabe 2015.
1. Ausgabe 2012 unter dem Pseudonym Aka Teraka.
Boxwood Publishing House e.K.
Copyright © Che Chidi Chukwumerije 2011.
Alle Rechte vorbehalten.
ISBN 978-3-943000-62-7
Umschlagsfoto © Che Chidi Chukwumerije

Che Chidi
Chukwumerije

INNENGART

Gedichte

Boxwood Publishing House, Frankfurt

Inhaltsverzeichnis

Teil 3. Ein kurzes Bild im Hinterkopf

Teil 1.

*Denn ich liebe dich
mal so mal so…*

Freunde fast

Dir hätte ich gegeben
Alles und viel –
Anfang, Weg und Ziel
     Daneben.

Fast waren wir ganz dabei
Dabei werden wir bleiben –
Das lange Umschreiben
Längst vorbei.

Weh

Was Dir weh tut
Tut mir leid…

Wehmut tut leid

Leidenschaft tut weh.
Weh, Mut, Leid

Leiden schafft weh
Weh. Weh.

Erwarten

Sie wurde bleich
Ich wurde weich
Ich war der Teich
In ihrem Reich –

So schwierig ist es nicht
Treu zu bleiben
Schwieriger ist es, zu warten
Bis das Richtige einbricht –

Schwierig ist warten
Lohnt sich aber

Sein Inhaber ist Erwarten
Du erwartest Dich aber
Nicht Du wartest auf Deine Zukunft
Sondern sie auf Dich.

Sie wurde bleich
Ich wurde weich
Ich war der Teich
In ihrem Reich.

Was wir alles schon wissen

Das wissen wir schon
Am Ende des Tages steigt
Die Sonne…

Das wissen wir schon
Daß ein Herz kein Mund ist
Ein Mund kein Herz hat…

Das wissen wir schon
Daß unsere Liebe nur Schein ist
Wahr-schein-licht…

Denn ich liebe dich
Mal so mal so –
Das wissen wir schon…

Und wir schritten getrennt
Einen gemeinsamen Weg –
Das wissen wir jetzt…

Nachtsüber wandernd

Daß ich davon nichts weiß
Ist das nicht eigenartig - ?
Nacht ist dein Rücken,
Tag deine Vorderseite - - -

Das ist dein Gesicht
Und Nachtsüber wandernd
Drehst du dich,
      zweimal –

Wie ein Wunder
Wenn der Sieg dem verlorenen Kampf
Plötzlich entsteigt
Das ist dein Gesicht.

Meinung

Zweimal gekreuzt
Gerade Wege

Ein drittes Mal treffen wir uns
In der Meinung, dem Verständnis

Wir waren immer vereint.

Was nutzen Tränen

Du schickst mir deine innigsten Gedanken
Bin ich das wirklich wert?
Wie kann man sich für so was bedanken?

Ein Versuch, das Gedicht bricht zusammen
Ich habe nichts, was an Wert
Dem nahe käme. Alles für sich, alles zusammen

Nichts nichts nichts. –
Das sind meine innigsten Gedanken.
Was reichen, was nutzen Tränen angesichts

Der Tendenz, in Schwachheit stets zu schwanken
Du bist treu, ich nicht
Das ist alles. Wo es zusammenbricht…

Unsichtbar

Gitarren zehn unsichtbar
Blut ohne Herz und ohne Schmerz

Paare küssen im Silbermondlicht
Ohne Herz und ohne Schmerz

Ohne Scherz stirbt aller Ernst
Ohne Blut kein Glut, kein Mut, kein Wut

Ohne Saat kein Gut.

Warst du?

Warst du? Wo, du, wo? Irgendwo
Ist nirgendwo. Bleib fern

Nicht mehr so viel gibt es
Noch zu haben

Alles hat ein Ende – nichts
Hat zwei.

Meine Sonne

Eine Nacht wie jene Tage
An deiner Seite
In deiner schönen Weite

Schade. Du hasst mich jetzt
Nur Haß kann die Liebe ersetzen
Nur Nacht kann dem Tage folgen

Ferne ferne bleibe ich deinem Hassen
Bis es sich ausgehasst hat...
Meine Sonne wird aufsteigen –

Liebe

Warum bin ich von der Liebe
stets heimgesucht?
Sie schlägt mich mitten im Unerwarteten,
erweckt die tiefste Sehnsucht.

Sie zerreißt mich, durchwühlt mich,
stellt mich unter ihre Macht –
Sie überrascht mich, schwächt mich, bricht mich…
gibt nie Acht

auf meine Ängste, Hoffnungen, Vorurteile,
treibt mich gnadenlos zu meinem Heile.

Du brennst, Herz,
als würdest Du gleich verbrennen
und möchtest an einem Tag
gleich alle Ewigkeit erkennen.

Laß

Laß mich
Dich erreichen,
Dir entweichen
Dein weiches ich…

Ich guck hinein
In Dich hinein
Der Abendschein
Der Morgenwein

Glüht und glüht
Und glüht…

Laß mich
Dich erreichen,
Dir entweichen
Und streicheln,

Mein Schatz,
Dein weiches ich.
Dein weiches
Ich…

Zusammen schweigen

Mit Schweigen
Werden redlich tausend mehr Empfindungen
Die zum Verschwinden sowieso heutzutage neigen
Sich einigend auf unterschwelligen Schwingungen
Sich zum Erkennen zeigen.

Während unseres Schweigens
Habe ich gehört,
Daß Du warst gestört
Und daß Du warst empört
Und hast aufgehört

Zu beachten die Botschaft unseres Schweigens –
    Doch Dein aller-schönstes Lachen
    Und Dein aller-größtes Machen
    Ersetzen niemals das, was sie brachen:
Das Selbstverständliche unseres schönen
Schweigens.

Das Geheimnis der Frau

Eine Frau ist eine Flamme
Die Dich warm hält
Ihr Körper ist eine Hülle
Die eine Flamme schirmt
Ihre Augen sind Tore
In eine weite tiefe Welt
Ihr Schicksal ein Geheimnis
Das glüht und lockt und wärmt...

Ein Geschenk des Paradieses
Ist das Erdenweib
Ein Geschenk des Wesenhaften
Ihre Seele und Ihr leib –
Liebe Frau, was bist Du?
Du Brücke in die Ewigkeit
Dieses Außerbesondere an Dir
Birgt doch Deine höchste Fähigkeit.

Wenn eine Frau lächelt
Und das Lächeln aus ihrem Geist kommt
Wenn auch ihre kleinste Handlung
Ihrem Geiste entstammt
Erinnert sich der Wanderer wieder daran... - !
- entfacht und entflammt - !
Was für eine Gabe! Was für ein Geschenk!
Das uns leider entkommt...

Eine Erinnerung schwebt, wie eine Sage,
Wie eine Legende, wie ein Märchen...
Seltsame vertraute Urbesinnung –
Keine Sage, kein Märchen, keine Legende
Hätte im Leben so eine eigenartige Wirkung...
Nein, sie ist...
Eine Erinnerung.

Reich

Du machst mein Herz reich und weich…
 Du bist ein Teich, in den ich tauche
 Ein Halt, den ich brauche…
 Ein etwas in meinem Bauch -
Du machst mein Herz weich und reich.

Frau

Fräulein, bist Du eine kleine Frau?
Oder bist Du eine andere Art von Frau?

Frauen verstehe ich nicht, sag ich Dir
Mir fehlt das Frauenteil tief in mir...

Che Chidi Chukwumerije

Teil 2.

Dichter geworden

Jetzt bin ich

Als ich jünger war
War ich lichter

Jetzt bin ich Dichter
Geworden –

Antenne

Nicht meine eigenen Gedanken
Sind meine, sie sind fremde…
Unendlich ist die Endlichkeit
Es gibt nichts unendlicheres –

Zum Glück bin ich noch froh, trotz
Dem vielen Schreiben; ich hafte mich nicht an
Ich laß los - - Sind doch nicht meine Gedanken
Die ich denke. Denn auch ich denke

Nichts mehr.

Nacht nur

Innengart

Der Abend umarmt mich
Mit tausend Gedanken
Für die ich mich bedanke ohne Vorbehalt

Die Gestalt war nur ein Vogelgedicht
Eine kurze Nachricht der jungen Nacht
Einsicht heißt das Gedicht –

Ich sage Gute Nacht, gute Nacht…
Du hast meinen Tag
Schön gemacht –

Ewige Sonnen

Sonnen
Blumen –
Ein Sonntag blüht in einigen Stunden

Verwelkt über viele Jahre immer noch nicht
Teils Montag, teils Samstag
Und weder noch...

Tausendfach schon gedichtet, dieses Gedicht
Ich schau in dein Herz hinein, lichter Tag
Sein ist haben; haben noch nicht sein...

Tausendmal gedichtet, steig noch mal hinein
Sonnenblumenübernacht
Ein Sonntag blüht in ewigen Stunden.

Gedichte schreiben

Ich möchte wieder Gedichte schreiben
Unbekanntes verkleidend einverleiben

Möchte das Fenster kratzen, sichtbar machen
Nicht die Worte, sondern die versteckten Sachen

Locken mich.
Ich bin wieder dran

Wissen, Weisheit, zieht mich an,
Macht mich wieder euren Mann.

Im Grunde genommen

Es gräbt im Garten ein Gärtner
Und dann, nach langem Graben,
Gräbt er im Grunde genommen aus
Seinem Sein und seinem Haben
Seine ewige Sehnsucht heraus.

Je mehr er gräbt, desto mehr findet er
Und immer tiefer wächst seine Sehnsucht –
Je mehr er schöpft, desto mehr verschwindet er
Im Grunde genommen in seiner Sehnsucht
Nach seinem Sein und seinem Haben.

Es begräbt sich im Garten ein Gärtner
Und so, nach langem Begraben,
Begräbt er im Grunde genommen in
Seinem Sein und seinem Haben
Seine ewige Sehnsucht.

Dann stieg er aus und ließ die Erde wieder hinein,
Gab Wasser und kümmerte sich nicht mehr groß
darum –
Übergab alles der Natur, dem großen Gärtnerlein;
Die pflegte ihm, in ihrer Art, unermüdend, stumm,
Einen Baum gewurzelt in der unendlichen Sehnsucht
–
Jetzt braucht er nur kommen und nehmen die Frucht:

Sein Haben und sein Sein
Und die unsterbliche Sehnsucht nach den Zwein.

Ferner Kern

Fern
Ist mein Kern

Fern
Wie ein Stern

Gern
Bleibt mein Kern

Fern
Wie ein Stern.

Heute morgen

Heute morgen
Früchte meiner Sorgen
Bewegung ohne Worte beschrieben
Die jene Innenorte einst umschrieben
Wohnort meiner wahrsten Freude
Winkendes Gebäude…

Immer wieder lösen sich die Wolken, die Wellen
Die sich in mir zusammenballen, schwellen –
Der Regen hält inne, dieser schwüle,
Regen meiner Gedanken und Gefühle –
Eine Sonne erhellt mal kurz diese Nacht
Ich sehe einen Lichtstrahl, der sinnend lacht…

Manchmal wirkt es wie eine Erinnerung
Manchmal wie eine erste Begegnung
Manchmal wie eine nie gebrochene Verbindung…
Ich erlebe wieder das Land von Heute
Wohnort meiner wahrsten Freude
Winkendes Gebäude -

Dich wiedergeben

Eine Sprache ist nicht einfach eine Sprache
Eine Sprache ergibt sich nicht aus den Worten einer
Sprache
Sondern die Worte ergeben sich aus der Sprache –

Eine Sprache ist eine Art zu sprechen
Eine Art zu sprechen ergibt sich aus einer Art zu
denken
Eine Art zu denken ergibt sich aus einer Art
wahrzunehmen

Eine Art wahrzunehmen ergibt sich aus einer Art zu
empfinden
Eine Art zu empfinden ergibt sich aus einer Art zu
leben
Eine Sprache ist also eine Art zu leben.

Dein Leben entspricht Dir…
Es spricht sich herum…
Keine zwei Menschen sprechen die genau selbe
Sprache

Deine Sprache ist Deine Mutter, sie ergibt Dich…
Meine Sprache gibt mich wieder
Meine Aussprache bin ich –

Redenbogen

Der Redenbogen

Der Regenboden

Der Redenboden

Der Regenbogen

Redenboten sind Regenbogen.

Du hast mit jedem Wort
an meinem Herzen gezogen
Und ich bin mit Dir wortlos
nach Hause geflogen.

Ahnsinn

Der Entwickelung
Geht die Wickelung
Voraus
Die Bündelung von Absicht
Und Einsicht
Übersicht noch nicht

Die kommt mit der Zeit
Die alles aneinander reiht
Allen Sinn verleiht
Einwickelung und Verwickelung
Abwickelung und Entwickelung
Wahnsinn befreit

Ahnsinn voraus.

Teil 3.

*Ein kurzes Bild
im Hinterkopf*

Irgendwoanders her

Die Vergebung kommt ganz anders
Als man gedacht, ob man
Sich eine Vorstellung machte, eine Hoffnung wagte
Wusste man doch so klar
Ich durfte, darf aber nicht mehr…

Die Verzeihung entsteigt der Liebe her
Sie kommt aus dem Unerwarteten
Trifft den Erwachsenen mitten ins Kind hinein
Heute ist ein Loch, die Hand drängt hinein
Holt daraus Gestern, rettet eine vergessene Zukunft

Es tut weh.
Nicht vergessen
Müssen wir…
Sondern uns
Er-innern…

Wachsen, gewiß

Laufen ohne Sinn
Macht viel Sinn.
Reisen ohne Ziel
Schafft Ziele viel.

Hoffnung ohne Ende
Nimmt kein Ende
Nur viele Wenden…
Zum Verwenden.

Empfinden ohne denken
Gibt viel zum Bedenken
Und zu verarbeiten –
Von Innen laß dich leiten

Nach Innen, begleitend… nachsinnen –

Geben und lachen

Gelegenheiten sollen wahrgenommen
Deswegen sind sie vorbeigekommen
Ein freundliches Wort, vom Geist zum Geist
Und gelöst ist alles, was du weißt

Wie kann man nun mit Worten tun
Was nur in Augen sprechend ruhn?
Vom Herzen geben ganz und voll
Viel mehr gibt's nicht, was man tun soll

Außer an sich selbst lachen
Nichts besseres kannst du
für dich und die Welt machen
Außer geben und lachen.

Sich erinnern

Sich erinnern
Wiederkehr in die Mitte des Geschehens
Die Vergangenheit lebt in dir
Das Vergessene, verschluckt, unverdaut

Gegessen und vergessen
Ein Bauchgefühl, das Kribbeln
In deinem Bauch, die Sehnsucht danach
Wieder zu wissen. Wahrheit.

Deshalb er-innere Dich
Denn in Deinem Innern schläft
Und schlummert
Deine Erinnerung

Mensch,
Er-innere Dich
Kehre zurück
Nach Innen.

Wer?

Augen hinter Fenstern
Vorhänge ein bisschen weggezogen
Zur Seite geschoben

Wer guckt…
Wer guckt
Wen an?

Vorhänge

Stil und Typ vergeht
Geblieben ist etwas
Man nennt es Kunst…

Macht und Geltung
Art, Mittel und Schein
Erlöscht

Geblieben ist das Unverformbare
Das Ewig-ruhende, Ewig-bewegliche
Blatt im Wind…

Stell Dir ein Etwas-Ersehntes vor
Hinter einer Glasscheibe, immer…
Klares Glas ist nur dein schönstes Werk

Von uns gesondert
Lebt für sich allein ewig
Die Kunst.

Worte beim Empfänger haben lediglich
Den Wert des daraus Erhörten
Wie oft so weit weg vom Gemeinten weg…

Vor hängt mal dies, mal jenes
Mal zerrt dich mal Trauer mal
Freude auseinander…

Mal scheint es durch, das was du
Kunst nennst, ein Ahnen davon,
Wie es wäre, ungehüllt zu sein…

Dann lebst Du auch da draußen, und die Welt
Eingeschlossen in seinem engen Kugel
Erblickt Dich manchmal durch sein dunkles
Fenster…

Jetzt

Lebe die Gegenwart für sich
Gib nicht die Mühe, sondern gib Dich

Schaffe nicht, um später zu genießen
Er sucht nicht die See, der Fluß, er liebt das Fließen

Der Weg ist nicht das Ziel
Denn es gibt weder Weg noch Ziel

Es gibt nur das Leben und den Augenblick
Dein Leben in diesem Augenblick ist Dein Geschick

Jeden Tag über der Arbeit gebückt
Holt man nicht in der Rente zurück

Drum aus dem täglichen Leben
Alles nehmen, ihm alles geben

Die Realität ist die Gegenwart
Und das Tor in den ewigen Innengart

Das Paradies ist kein fernes Land
Das Paradies ist ein Zustand.

Es gibt

Es gibt. Es ist
Es begibt sich
Sich

Nicht mehr so
Viel gibt es
Zu haben.

Wer bringt es?

Wer bringt es?
Worin schwingt es?
Wozu zwingt es?

Ein kurzes Bild im Hinterkopf
Den Weltenhunger befriedigt ein kleiner Topf
Schöpfen ohne Ende

Anfang und Ende
Spenden ohne Ende
Den All-hunger sättigt ein einziger Topf.

Schwarz

Schwarze Blüten
Hämmernde Herzschläge
Schlagzeug irgendwo in meinen Adern.

Schlange

Schlange grün und schön
Schlüpft durch das Gras
Wach

Schlange grün und schön
Schlüpft durch den Bach
Naß.

Was weißt du von mir
Beobachter?
Was unterscheidet dich von mir

O Wächter?
Ich liebe Wasser, Gras und Leben
Warum stellst du dich daneben?

Schlange grün und schön
Schlüpft durch das Leben
In Dir.

Geben und nehmen

Wäre ich ein Baum, stände ich
Und streckte meine vielen Gedankengänge
In alle Himmelsrichtungen, und deckte
Jeden Reisenden mit unzähligen Gedanken

Und, öffnete er sich
Fiele ihm eine reife Frucht ein
Einen Gedanke, der tief in sich
Eine Antwort birgt –

Niemand soll mit leeren Händen weggehen
Der sich öffnet;
Mit schweren Herzen
Soll kein Wanderer weiterziehen,

Der auf meinem Schoß
Nach Erleichterung sich innig sehnt
Sich sehnend sich ausdehnt, an mich sich lehnt
Mir anvertrauend seine intimsten Schmerzen

Die Sonne schreit, die Winde flehen...
Es sei, es wäre Winter und ich selber
In mir mit mir selber ringend beschäftigt
Wie viel hätte ich dann für dich übrig?

Alles, was ich aufbringen könnte, gälte dann meinem
Auferstehen. Nur meine Wurzeln... ja, wenn ich
könnte
Grübe ich mit meinen Wurzeln in jedes
vorbeilaufende Menschenherz hinein

Und säugte... säugte... - Freund
Wenn du im Winter weinst, weinst du, weil ich
Von Dir alles weg zieh
Was ich dir im Sommer verlieh...

Schnell wohin?

Der Mensch ist oft unterwegs
Nirgendwohin
Rastet dahin mit voller
Schnelligkeit –

Kommt an, öffnet die Hände
Und findet drin
Außer seinem eingegrabnen Schicksal
Nichts mehr –

Lerne den Weg kennen

Lerne den Weg kennen
Auf dem du heute wanderst

Nimm dir lieber mehr Zeit
Den Augenblick zu verstehen
Als so früh wie möglich
In die Zukunft hinein zu gehen –

Das, was du willst
Das musst du selber werden
Entwickeln muss sich alles,
Was später blüht auf Erden…

Es dauert aber lang,
Ein Mensch zu werden…
Nichts dauert länger als das:
Menschwerden.

Und das ist schließlich das Ziel
Der langen Rundreise
Irgendwann lernst du Geduld
Und bist dann erst weise –

Und nimmst dein Leben Tag für Tag
Wachsend wie ein Baum
Eines Tages erweckst du neugeboren
Im neuen Lebensraum –

So wichtig ist der heutige Tag
So ungeheuer wichtig:
        Du biegst dein ganzes Leben zurecht,
Erlebst du ihn nur richtig…

Drum lerne den Weg kennen
Auf dem du heute wanderst!

Seele, deine Kabine

Seele, deine Kabine, metallische
Ecken widerspiegeln und Holz, kalt –
Beobachten, du ständig mich –

Wartest immer noch auf den richtigen Augenblick
Schon längst vorbei. Du kannst
Jetzt gehen. Leere Jahre holt man nicht wieder

Zurück. Wehevolle Erinnerungen, dunkle Ecken,
Fehlschläge, ungleicher Besuch,
Mutiger Versuch. –

Durch Wälder

Ist das der Fluß?
Kein Kuß, kein Gruß

War je so tief –
Ich lief und lief

Wie eine offene Wunde
Mund einer zerborsteten Runde

Ihr versteht mich fast
Ver-steht mich fest.

Kommt

Nochmals klopft's an
Wo ich keine Tür sah
Dachte offen sei mein Herz genug

Ist eine Tür mein Herz?
Open, open Sesame…
Kommt, alle, kommt zu mir.

Innengart

www.ingramcontent.com/pod-product-compliance
Lightning Source LLC
Chambersburg PA
CBHW021206020426
42331CB00003B/233